La montre avec les aiguilles

Pour lire l'heure, on peut utiliser une montre avec des aiguilles ou des chiffres. Une montre avec des aiguilles possède les nombres de 1 à 12 sur un cercle. On appelle cela le cadran.

Utilise plutôt une montre avec des aiguilles le temps d'être un champion pour lire l'heure.

Sur le cadran, tu as 2 aiguilles qui bougent sans arrêt :
- Une petite aiguille qui ne bouge pas très vite et indique les
  heure

- Une grande aiguille qui bouge un peu plus vite et qui
  indique les minutes.

Il y a quelquefois une 3ième aiguille qui bouge très vite. C'est l'aiguille des secondes. Elle n'est pas très importante pour toi pour le moment.

Lire les heures piles

Dès que l'aiguille des minutes (la grande aiguille) pointe sur le 12, l'aiguille des heures indique une heure « pile ».

Ici la petite aiguille est face au 10. Il est 10 heures.

Si la petite et la grande aiguille sont faces au 12 toutes les 2, on ne dit pas qu'il est « 12 heures » mais qu'il est midi.

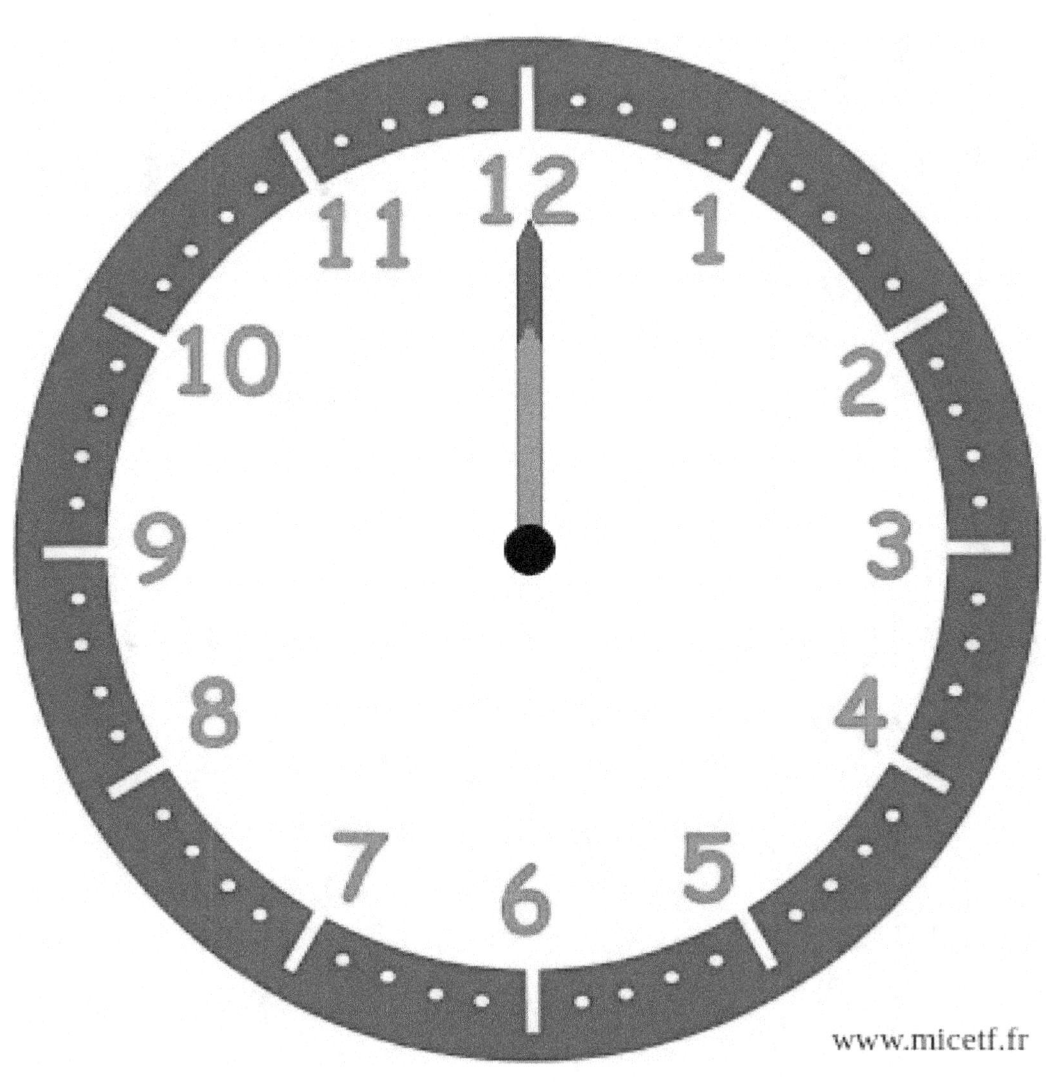

Ici il est midi !

Place les aiguilles

1 heure

3 heures

5 heures

midi

11 heures

2 heures

Quelle heure est-il?

Note les heures...

Quelle heure est-il?

Lire les minutes

Dans une heure, il y a 60 minutes.

Ainsi pour savoir le nombre de minutes, il faut regarder les petites graduations. Entre chaque chiffre indiqué sur le cadran tu auras 5 minutes.

On regarde on est située la petite aiguille : elle indique le 10. Il est donc 10 heures.
La grande aiguille pointe sur le « 1 », il est donc 10 heures et 5 minutes.

1 correspond à **5** minutes
2 correspond à **10** minutes
3 correspond à **15** minutes
4 correspond à **20** minutes
5 correspond à **25** minutes
6 correspond à **30** minutes
7 correspond à **35** minutes
8 correspond à **40** minutes
9 correspond à **45** minutes
10 correspond à **50** minutes
11 correspond à **55** minutes
12 correspond à **60** minutes

Quand l'aiguille des minutes est entre 2 chiffres, il faut compter les graduations pour avoir l'heure avec précision.

Place les aiguilles

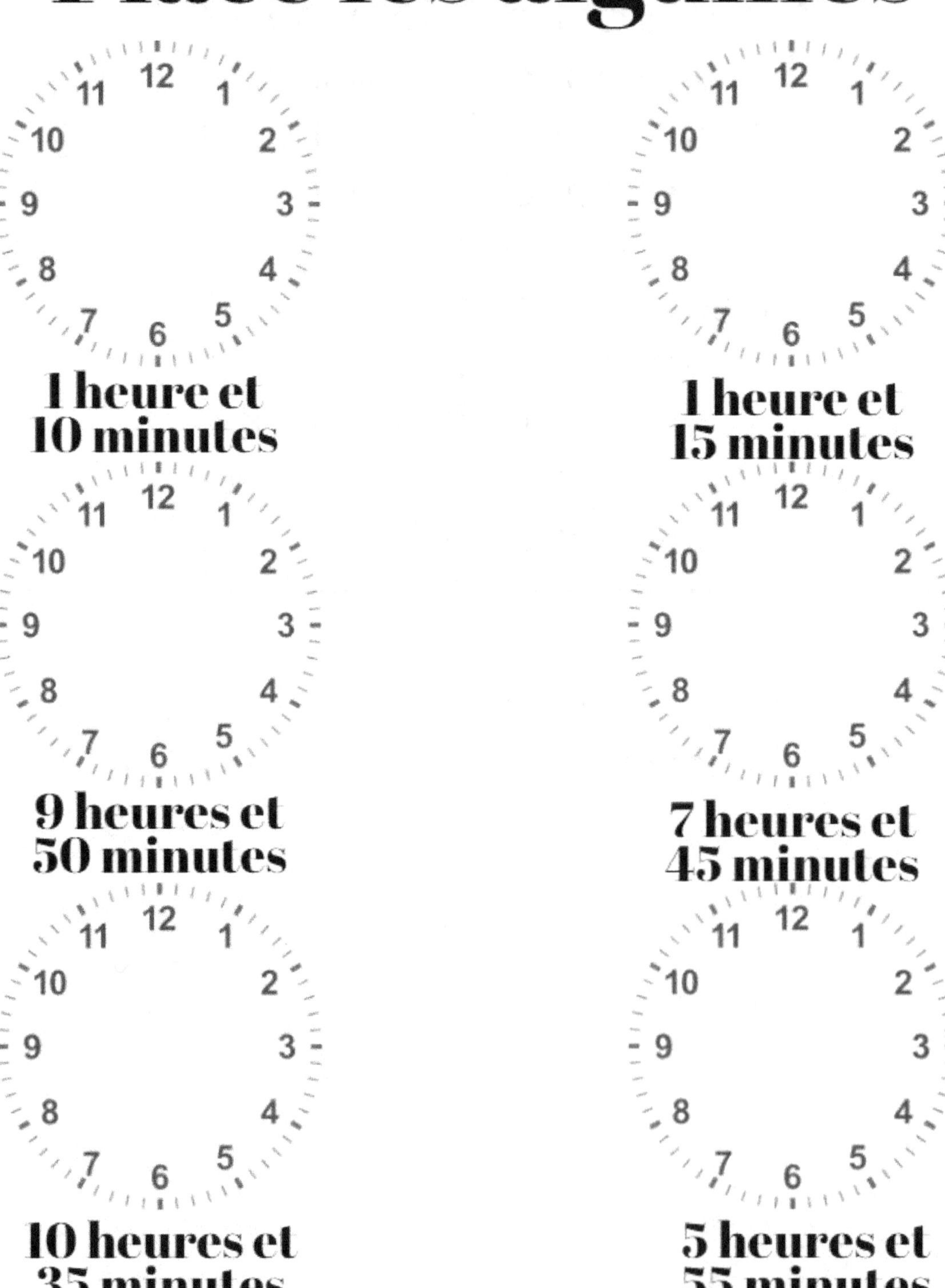

1 heure et 10 minutes

1 heure et 15 minutes

9 heures et 50 minutes

7 heures et 45 minutes

10 heures et 35 minutes

5 heures et 55 minutes

Place les aiguilles

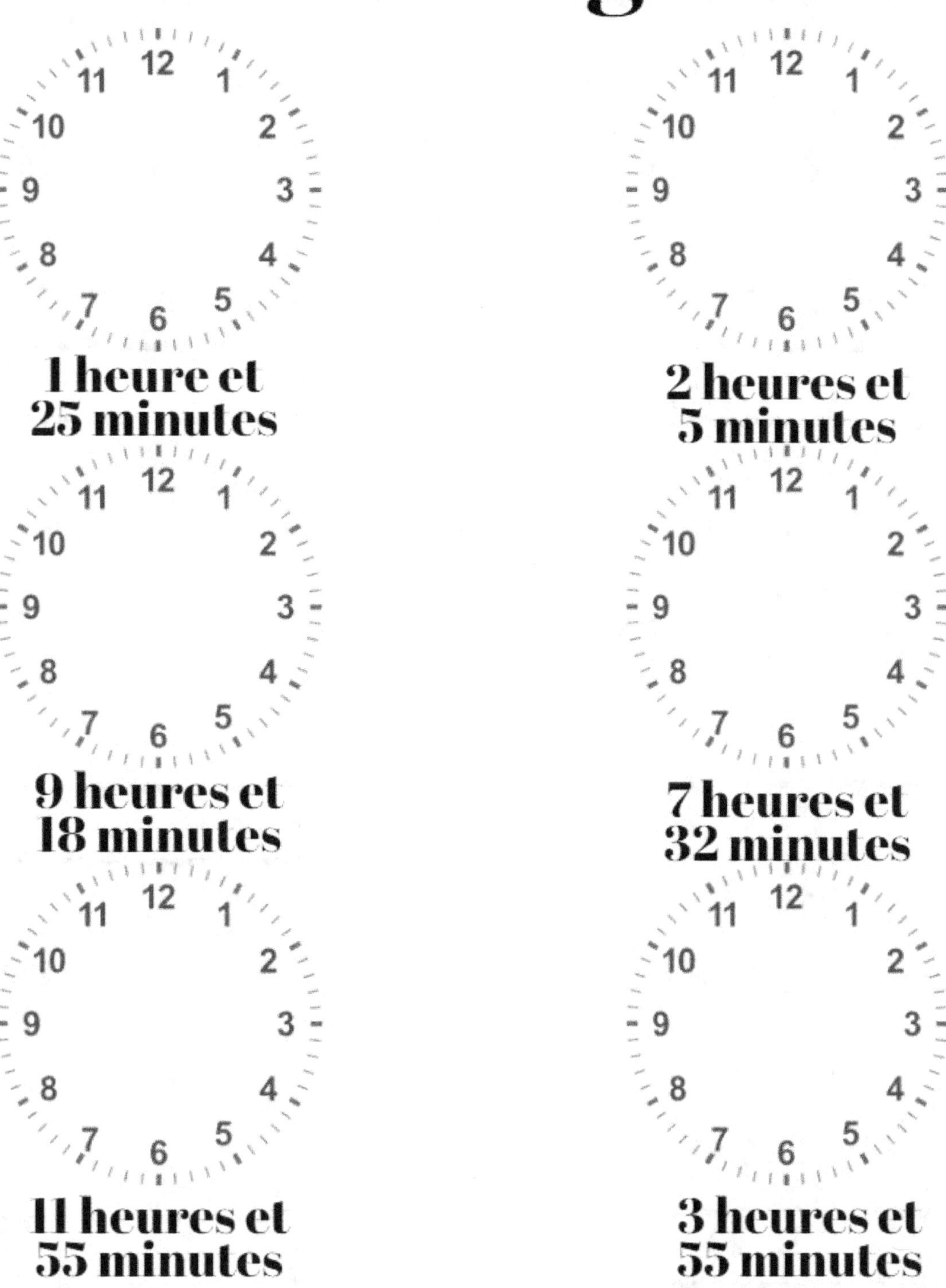

1 heure et
25 minutes

2 heures et
5 minutes

9 heures et
18 minutes

7 heures et
32 minutes

11 heures et
55 minutes

3 heures et
55 minutes

Quelle heure est-il?

Quelle heure est-il?

Et quart, et demie

Quand l'aiguille des minutes indique le 3, il est 15 minutes. On dit aussi « et quart ». Quand elle indique le 6, il est 30 minutes et on dit aussi « et demi »

Il est 9 heures et quart   Il est 9 heures et demie

Quelle heure est-il?

Place les aiguilles

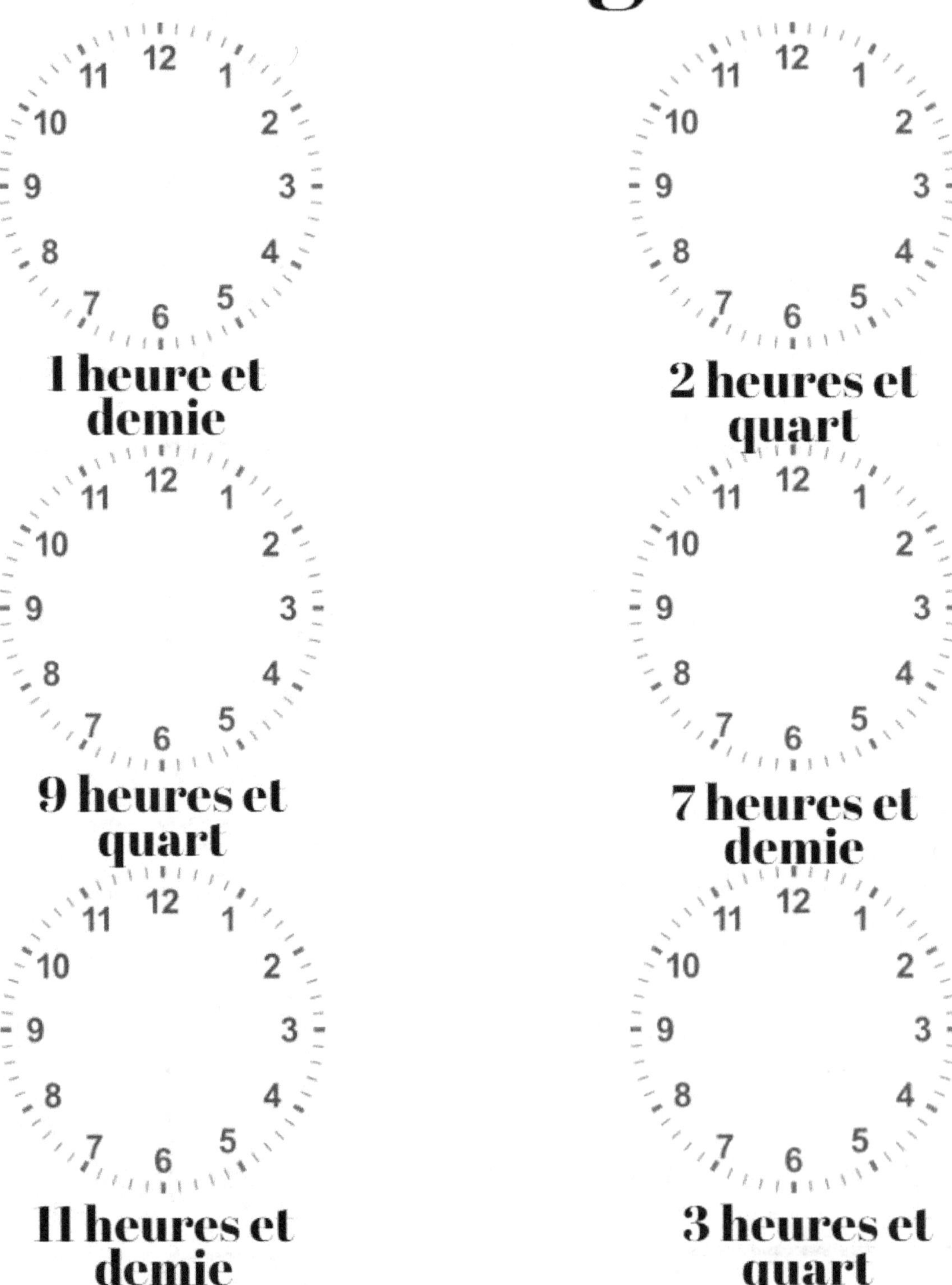

1 heure et demie

2 heures et quart

9 heures et quart

7 heures et demie

11 heures et demie

3 heures et quart

Place les aiguilles

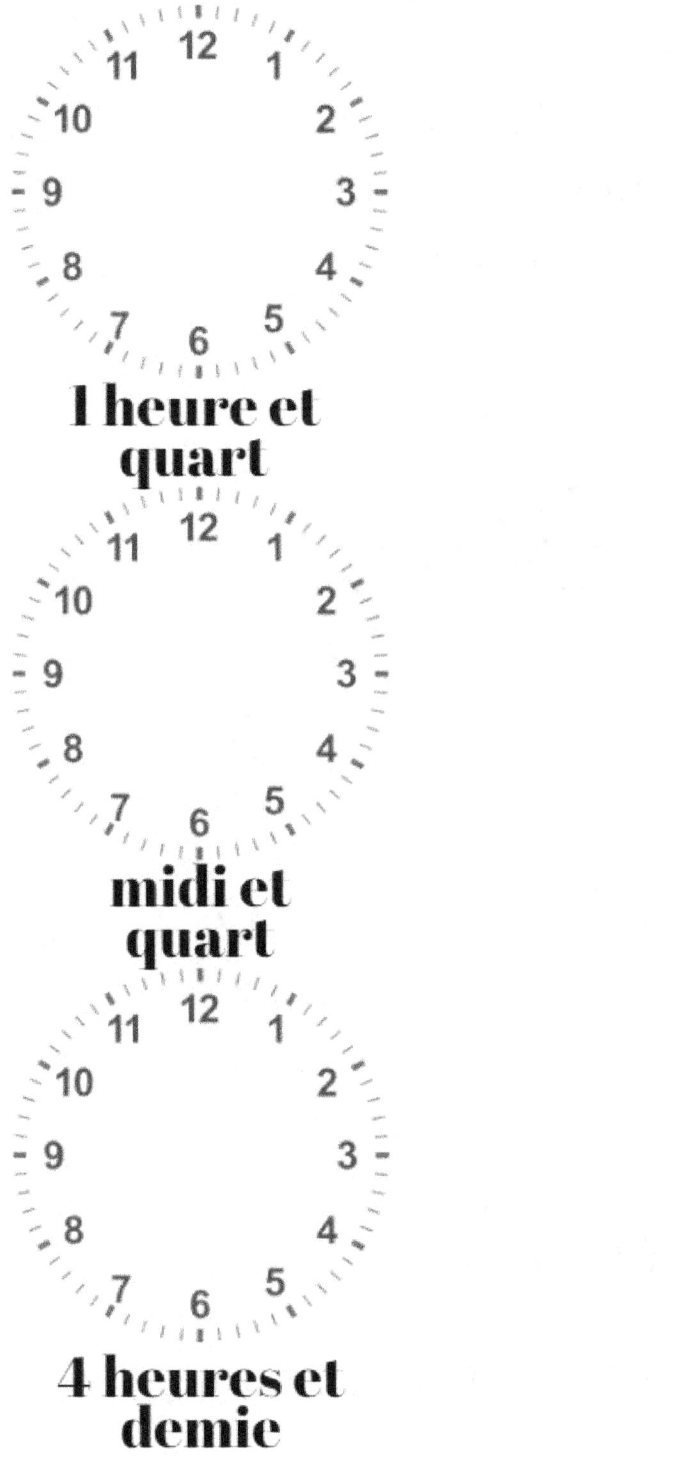

1 heure et
quart

midi et
quart

4 heures et
demie

4 heures et
demi

midi et
demie

9 heures et
quart

Lire les heures « en moins »

Lorsque l'aiguille des minutes est entre le 6 et le 12, on peut lire l'heure de 2 manières différentes.

On peut lire l'heure comme tu l'as appris jusque-là, ou dire l'heure suivante moins le nombre de minutes qu'il reste pour y arriver.

Exemple :

Tu peux dire qu'il est 10 heures et 40 minutes, ou bien qu'il est 11 heures moins 20

Place les aiguilles

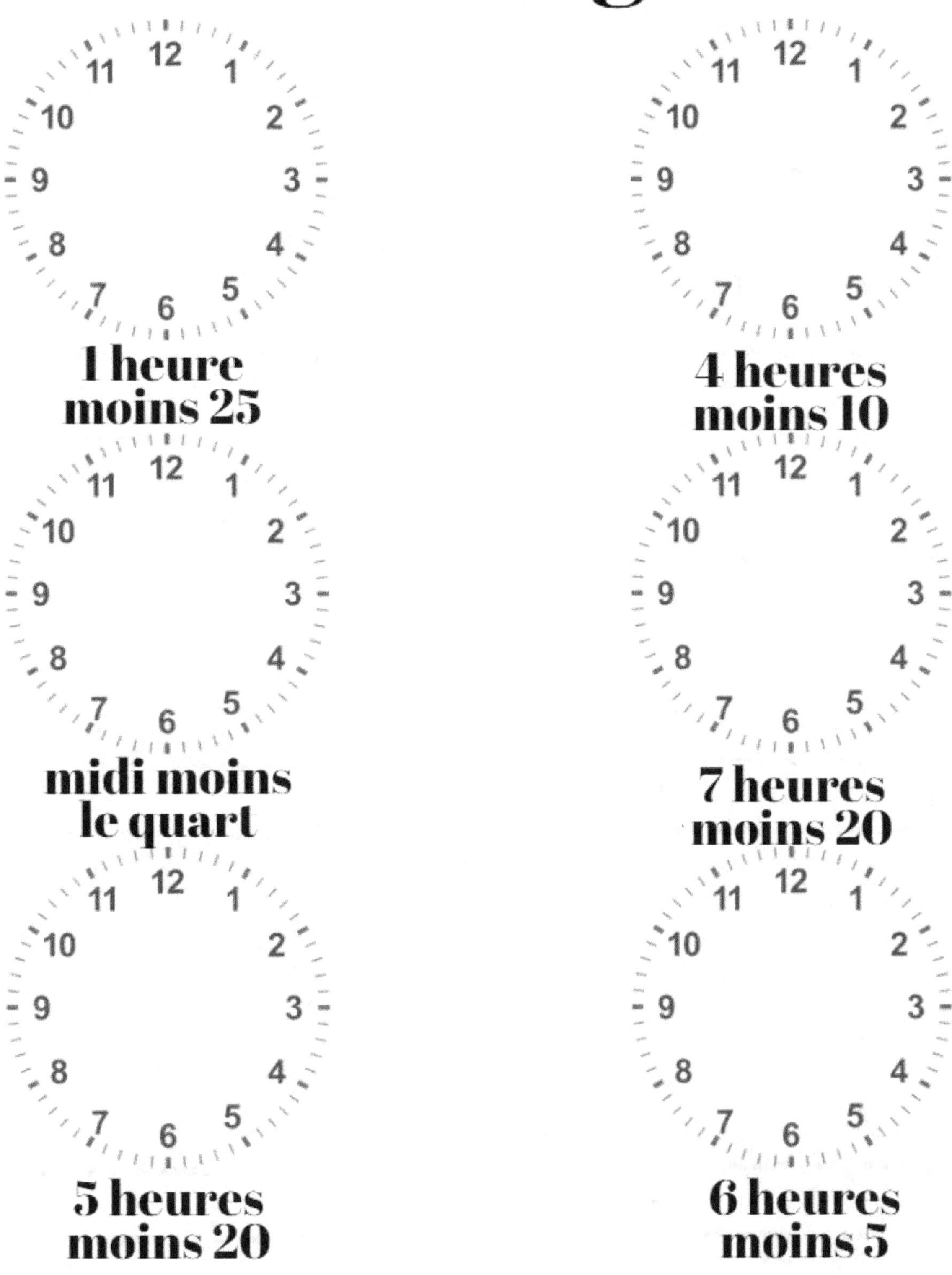

Quelle heure est-il?

Place les aiguilles

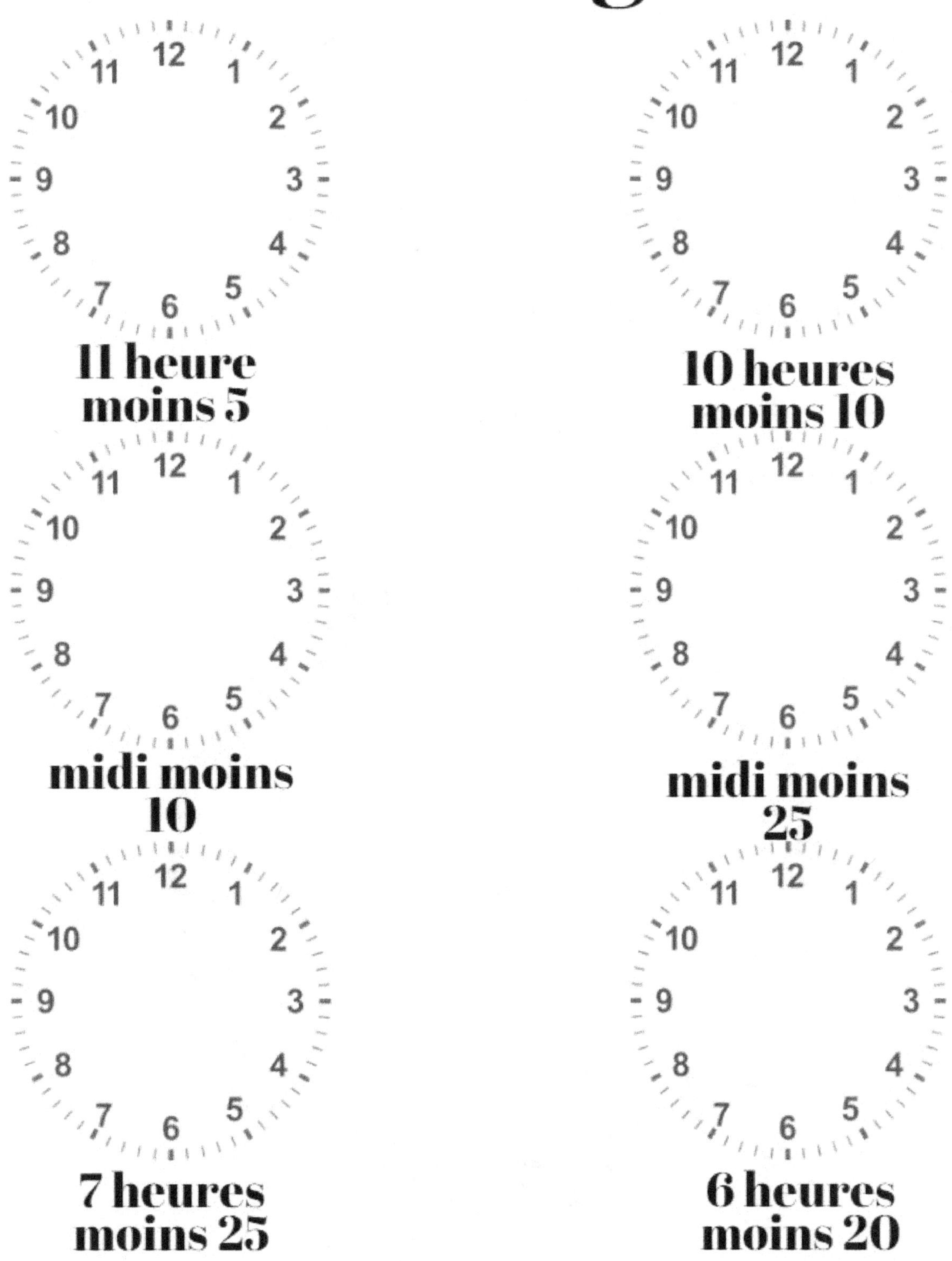

Les heures dans l'après-midi

Une journée compte 24 heures, mais sur une horloge ou une montre à aiguille, il n'y a que 12 heures. La petite aiguille fait le tour du cadran 2 fois dans la journée.

La journée est découpée en 2 : le matin et l'après-midi.
Quand il est plus tôt que midi, pour lire l'heure tu dois lire l'heure comme tu l'as appris jusque-là !

Pour l'après-midi, les heures à lire ne seront pas directement affichée sur le cadran.

Tu peux dire qu'il est 5 heures de l'après-midi.
La deuxième solution est d'ajouter 12 à l'heure que tu lis :
Il est 17 heures.

1 heure de l'après-midi correspond à 13h
2 heures de l'après-midi correspond à 14h
3 heures de l'après-midi correspond à 15h
4 heures de l'après-midi correspond à 16h
5 heures de l'après-midi correspond à 17h
6 heures de l'après-midi correspond à 18h
7 heures de l'après-midi correspond à 19h
8 heures de l'après-midi correspond à 20h
9 heures de l'après-midi correspond à 21h
10 heures de l'après-midi correspond à 22h
11 heures de l'après-midi correspond à 23h
12 heures de l'après-midi correspond à 24h

Attention, on ne dit pas 12 heures mais midi, et on ne dit pas 24h mais minuit.

Entraine-toi ! (On est l'après-midi)

Quelle heure est-il?

Place les aiguilles

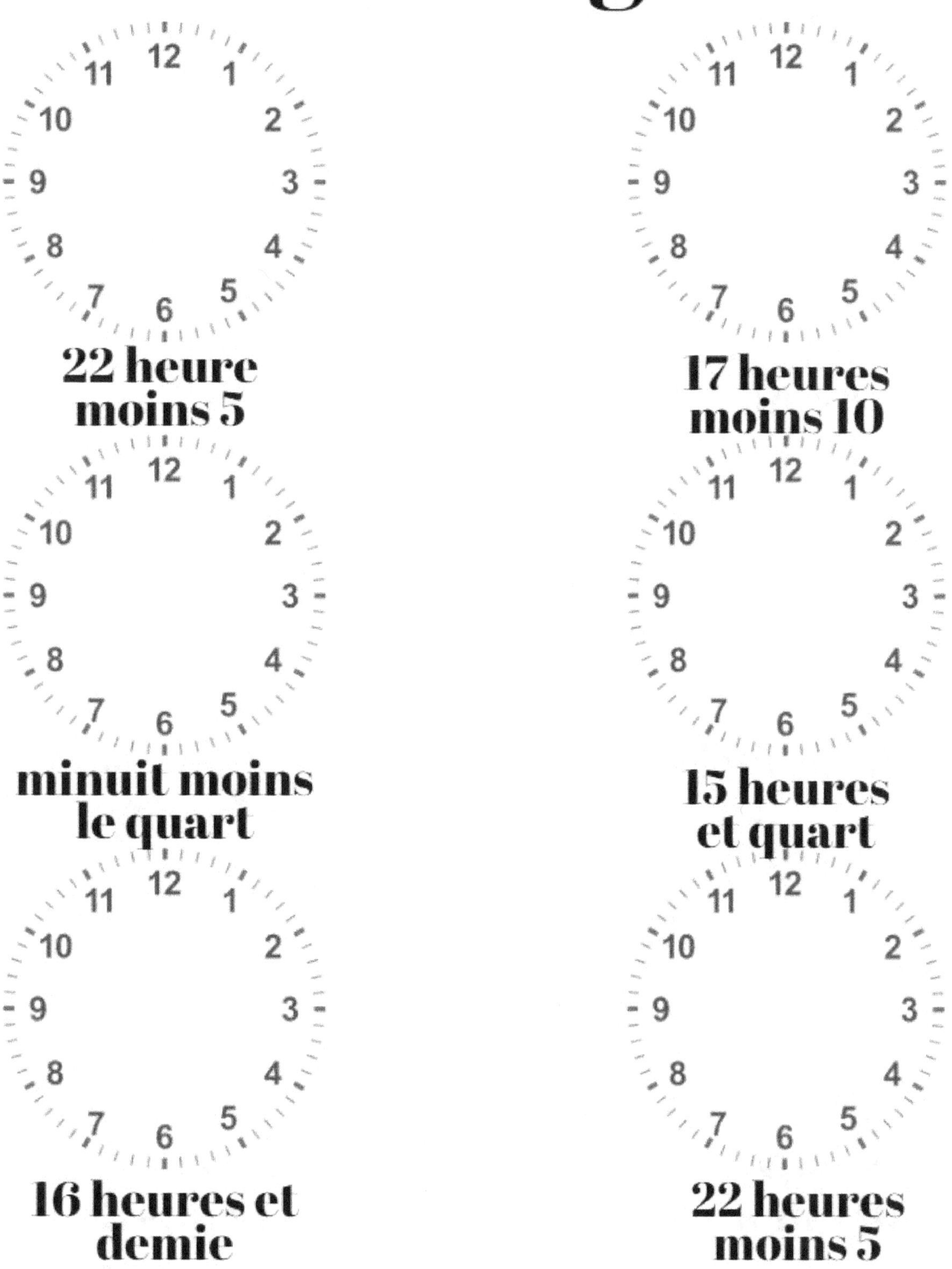

Place les aiguilles

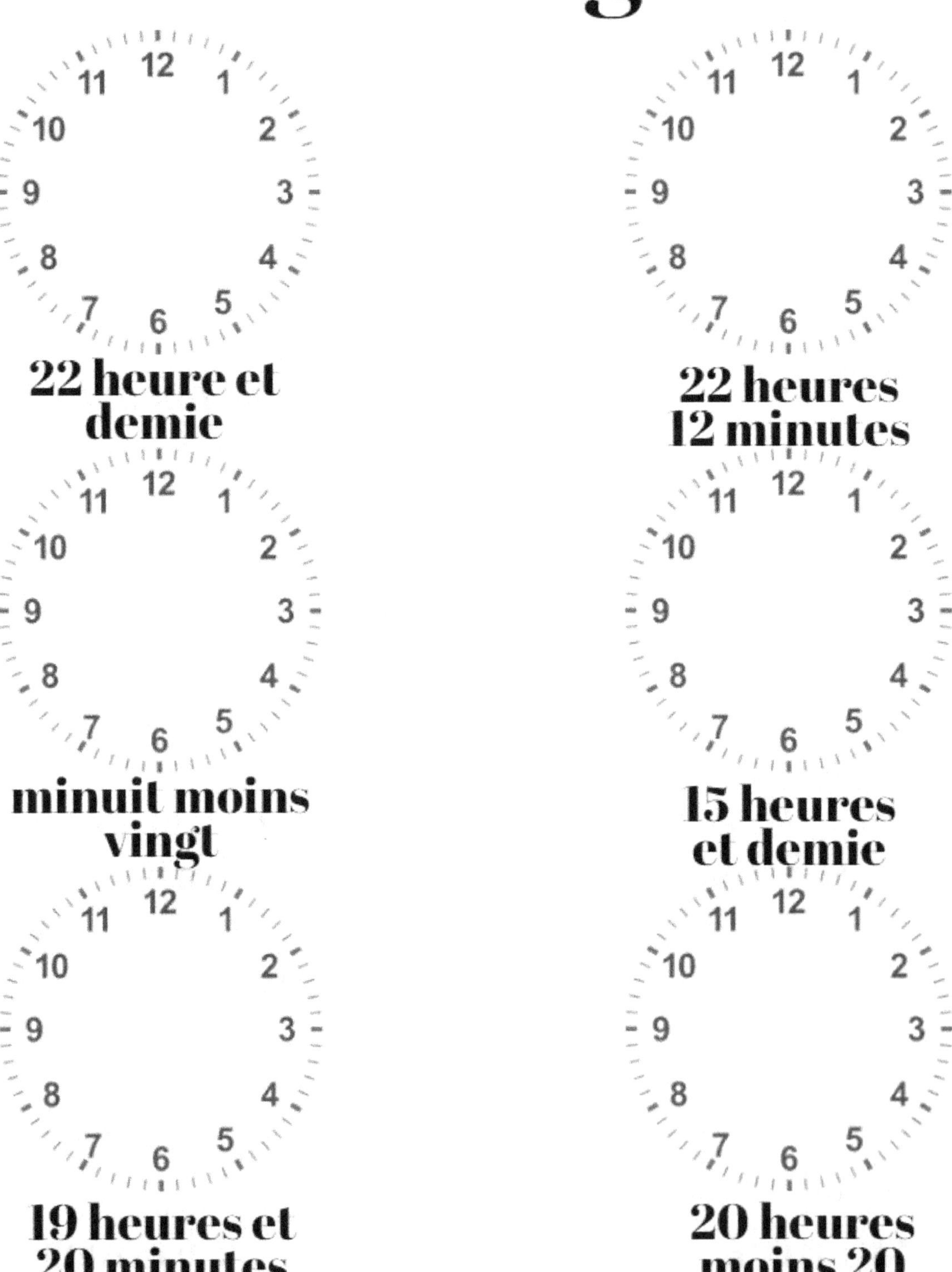

Quelle heure est-il?

Les secondes

Tu as remarqué qu'il y a une troisième aiguille, très fine et qui bouge très vite. C'est l'aiguille des secondes.

Il y a 60 secondes dans 1 minute. L'aiguille des secondes est appelée la trotteuse.

Il n'est en général pas nécessaire de donner le nombre de secondes pour lire l'heure, sauf si on te le demande précisément.

Il est 10 heures, 5 minutes et 30 secondes

1 correspond à **5** secondes
2 correspond à **10** secondes
3 correspond à **15** secondes
4 correspond à **20** secondes
5 correspond à **25** secondes
6 correspond à **30** secondes
7 correspond à **35** secondes
8 correspond à **40** secondes
9 correspond à **45** secondes
10 correspond à **50** secondes
11 correspond à **55** secondes
12 correspond à **60** secondes